물 아저씨 과학 그림책 20

초록을 깨우는 물 아저씨

2025년 8월 1일 1판 2쇄 발행

글·그림 | 아고스티노 트라이니 옮김 | 이승수
펴낸이 | 나성훈 펴낸곳 | (주)예림당
등록 | 제2013-000041호 주소 | 서울시 성동구 아차산로 153
구매 문의 전화 | 561-9007 팩스 | 562-9007
책 내용 문의 전화 | 566-1004
http://www.yearim.kr

편집장 | 이지안 책임개발 | 정수경 / 심다혜 정유진 디자인 | 이현주 / 강임희 표지 디자인 | 최수정
콘텐츠 제휴 | 문하영 제작 | 신상덕 / 박경식 마케팅 | 임상호 전훈승
ISBN 978-89-302-6970-4 74400
ISBN 978-89-302-6857-8 74400(세트)

이 책의 한국어판 저작권은 (주)예림당과 Atlantyca S.r.l.사와의 독점 계약으로 (주)예림당에 있습니다.
저작권법에 의해 한국 내에서 보호를 받는 저작물이므로 무단 전재와 복제를 금합니다.

Text by Agostino Traini
Original cover and Illustrations by Agostino Traini
©2024 Mondadori Libri S.p.A. for PIEMME, Italia
©2025 for this book in Korean language – YeaRimDang Publishing Co., Ltd.
Published by arrangement with Atlantyca S.r.l. via Caradosso 7 - 20123 Milano,
Italia — foreignrights@atlantyca.it - www.atlantyca.com
Original Title: CHE BELLO UN MONDO TUTTO VERDE!
Translation by: 초록을 깨우는 물 아저씨
No part of this book may be stored, reproduced or transmitted in any form or by any means, electronic
or mechanical, including photocopying, recording, or by any information storage and retrieval system,
without written permission from the copyright holder.

물 아저씨 과학 그림책 20

초록을 깨우는
물 아저씨

글·그림 아고스티노 트라이니

예림당

아고와 피노가 물 아저씨와 이야기하고 있어요.
그때, 저 멀리 하늘에서 구름이 둥둥 떠갔어요.
구름은 물 아저씨의 일부랍니다.

"어디 가세요?"
"중요한 일을 하러 가는 중이야."
아고의 물음에 구름 아저씨가 대답했어요.

내 도움이 필요한 곳이 있어.

정말 빠르다.

아고와 피노는 구름 아저씨가 무엇을 하는지 궁금했어요.
그래서 열심히 뒤를 따라갔지요.
아저씨는 클라라의 텃밭 위에 멈추더니, 비를 뿌리기 시작했어요.

클라라는 비가 내려서 정말 기뻤어요.
요즘 날씨가 무척 덥고, 땅이 바짝 메말라 있었거든요.
이제 텃밭에 심은 식물들이 무럭무럭 자랄 수 있을 거예요.

"아저씨, 식물한테 무슨 일을 하는 거예요?"
아고의 물음에 물 아저씨가 말했어요.
"나는 별과 행성이 내뿜는 에너지를 받은 특별한 물이란다.
땅속에 들어 있는 여러 가지 영양분도 가득 빨아들였어.
식물의 뿌리를 통해 들어가 줄기를 타고 잎까지 올라가서
구석구석 퍼질 거야."

아고와 피노는 나뭇가지 사이로 올라갔어요.
그곳에 물 아저씨가 있다는 것을 알고 있거든요.
"아저씨, 뭐 하세요?"
아고가 물었어요.

그 안에서
뭐 하세요?

"마법을 부리고 있지. 지금 광합성이 일어나고 있어!"
물 아저씨가 광합성이 일어나는 과정에 대해 말했어요.
"잎에는 엽록소가 있어. 식물은 엽록소와 햇빛 덕분에 공기 속 이산화 탄소를 흡수하고, 빨아들인 물을 영양소로 바꾼단다. 그렇게 에너지를 얻고, 공기 중으로 산소를 내보내는 거야."

"그런데 아저씨는 계속 거기에 있는 거예요?"
두 친구의 물음에 물 아저씨는 웃으며 대답했어요.
"아니야. 나는 뿌리를 통해 들어왔다가, 햇빛을 받으면 잎에서 증발해 밖으로 나갈 거야. 나는 들어가고 나오며 늘 움직이지. 나무 한 그루에는 하루에 수백 리터의 물이 흐르고 있단다!"

꼭대기까지 어떻게 올라가요?

내가 잎을 통해 나가면, 뿌리가 새로운 물을 쭉쭉 끌어 올리는 거야.

아고와 피노는 식물한테 물이 중요한 이유를 알았어요.
비가 내릴 때까지 기다릴 수 없기 때문에 농부는 강이나 호수에서
물 아저씨를 논밭 가까이 데려오려고 땅을 파서 물길을 만들지요.

그럼 강물은 어디에서 오는 걸까요?
비와 눈, 그리고 큰 산 위의 빙하에서 와요.
빙하는 큰 물탱크 같아서 천천히 녹으며 강물이 돼요.

물길을 따라 흐르던 물 아저씨가 안젤로 아저씨의 밭에 왔어요.
수문이 열리자 물 아저씨는 재빠르게 안으로 들어갔어요.
이렇게 논밭에 물을 대는 방법은 많은 양의 물이 필요해요.

멋진 밭이야!

이번에는 물 아저씨가 펌프에 빨려 들어가
정원 이곳저곳에 뿌려졌어요.
이 방법은 비가 오는 것처럼 물을 뿌리기 때문에
물을 훨씬 아껴 쓸 수 있답니다.

너희에게도
물을 줄게.

물 아저씨는 언제나 농부들을 도울 준비가 되어 있어요.
하지만 물 아저씨도 밭에 가까이 가기 어려울 때가 있어요.
바로 오르막길을 올라가야 할 때예요.
사실 물 아저씨는 늘 아래로 내려가고 싶어 하거든요.

이제 올라간다!

그래서 농부들은 모터 펌프가 발명되기 아주 오래전부터
밭에 물을 끌어오기 위해 다양한 방법을 연구했어요.
지금도 세계 여러 나라에서는 이런 옛날 방법들을 쓰고 있지요.

아고와 피노는 강도 호수도 없는 곳에 왔어요.
하지만 이곳은 물이 부족하지 않아요.
물 아저씨가 양동이를 타고 우물에서 올라오고 있네요.
"나는 지하수야!"
물 아저씨가 외쳤어요.

땅속에는 물을 스펀지처럼 머금는 돌들이 있어요.
물은 그 돌들 사이를 채우다가 더 이상 스며들 수 없는
단단한 불투수층을 만나면 그 위에 멈춰 모이게 돼요.
바로 그곳에 우물을 파는 거랍니다.

물을 머금고 있는 대수층

지하수는 이런 식으로 우물 속 물이 돼.

물이 통과하지 못하는 불투수층

아고와 피노는 베네치아로 여행을 갔어요.
그곳에서 더 이상 쓰지 않는 우물을 발견했지요.
"저건 좀 다른 우물이야. 빗물을 모아 깨끗이 걸러
쓸 수 있도록 만든 거란다."

물 아저씨가 말했어요.
"빗물을 모으는 것은 아주 중요해. 농작물을 잘 키우려면 물을 미리 저장해야 하거든. 그래서 농부들은 인공 연못을 만들어 빗물을 모으기도 하지."

정말 예쁜 연못이다!

사막에는 비가 거의 내리지 않아서 빗물을 모을 수 없어요.
그런데 사막에서도 물 아저씨를 만날 수 있어요.
야자나무가 자라고, 맛있는 대추야자가 열리며,
사람들은 농사도 지을 수 있지요.
이런 곳을 오아시스라고 불러요.

물 아저씨는 길고 긴 터널을 따라 오아시스로 흘러가요.
이 터널은 사막에 사는 사람들이 직접 판 거예요.
대수층의 높은 곳에서 물을 끌어오는데, 오아시스까지
수백 킬로미터나 떨어져 있답니다.

물 아저씨는 아고와 피노를 데리고 물이 풍부한
아시아의 어떤 곳을 방문했어요.
그곳의 농부들은 산비탈에 계단처럼 층층이 논을 만들고,
벼를 기르고 있었어요.

논에 물이 차면 물 아저씨는 신나게 논 계단을 내려가요.
논에서 다른 논으로 흘러 내려가며 작은 폭포도 만들어요.
이런 식으로 물 아저씨는 골짜기 아래에 흐르는 강에
도착하게 되지요.

물 한 방울도 소중하다는 걸 심카 블라스 아저씨는 잘 알고 있었어요.
과학자인 아저씨는 낡은 파이프에서 떨어지는 물방울 덕분에
나무가 무럭무럭 자란 걸 보고 깜짝 놀랐어요.
그래서 물방울로 농사짓는 방법을 발명했어요.

이 방법은 많은 양의 물을 아낄 수 있어요.
물 아저씨는 식물 사이로 방울방울 떨어지며
땅을 촉촉하게 적셔 주는 걸 아주 좋아해요.
"물방울 만세!"
물 아저씨가 외쳤어요.

옛날 사람들도 물방울을 떨어뜨려
식물을 키우는 방법을 알았어요.
그때는 파이프 대신 흙으로 만든
항아리를 사용했어요.

물 아저씨와 함께하는 신나는 과학 실험

차근차근 따라 해 보세요!
그동안 알지 못했던 재미있고 흥미진진한
사실들을 알게 될 거예요.

대수층과 우물

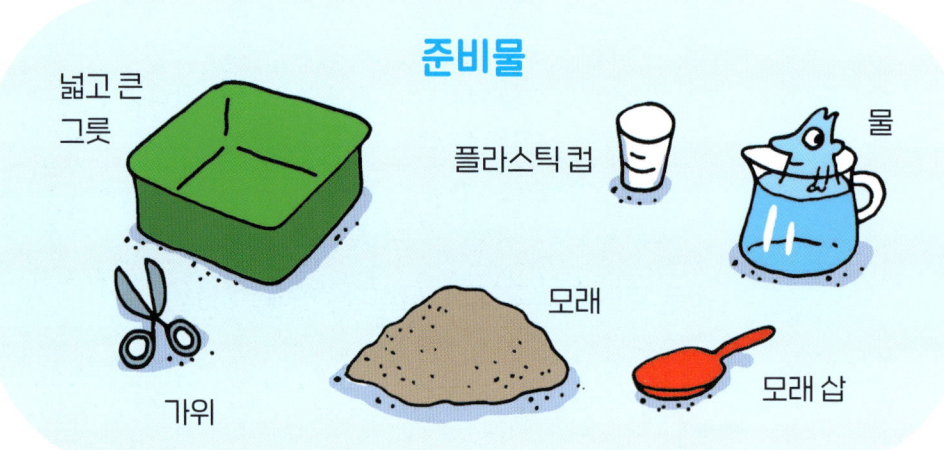

1

가위로 플라스틱 컵에 구멍을 만들어요.

2 컵을 넓고 큰 그릇에 놓고 주변에 모래를 부어요.

3 모래가 촉촉하게 젖도록 물을 부어요.
젖은 모래층이 물이 잘 스며드는 대수층이에요.
그릇은 물이 통과하지 못하는 불투수층을 나타내요.

무슨 일이 일어날까요?
시간이 지나면 물이
아래에서 올라올 거예요.
이것은 우물에 물이
차오르는 원리와 같아요.

이제 알겠어?

확실히 알겠어!

아고스티노 트라이니는 누구일까요?

저는 1961년에 태어났어요.

저는 비 올 때 걷고

등산을 하고

배를 타고

물수제비를 뜨고

보물을 찾는 것을 좋아해요.

그리고 책을 읽고

책갈피를 만들고

물감으로 그림을 그리고

캐릭터를 구상하는 것도 좋아해요.

하지만 뭐니 뭐니 해도
물 아저씨 그리는 것을 가장 좋아해요!

Agostino Traini

아래의 주소로 저에게
이메일을 보낼 수 있어요.
agostinotraini@gmail.com

물 아저씨 과학 그림책

과학 공부의 시작은 물 아저씨와 함께! 세상 곳곳의
신기한 과학 현상을 배우며 지적 호기심을 가득 채워 보세요!

글·그림 아고스티노 트라이니 | 175×240mm | 32~48쪽

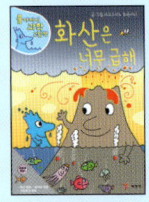      

   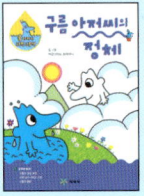  

1. 물 아저씨는 변신쟁이
2. 공기 아줌마는 바빠
3. 해 아저씨는 밤이 궁금해
4. 키다리 나무 아저씨의 비밀
5. 계절은 돌고 돌아
6. 물 아저씨와 감각 놀이
7. 알록달록 색깔이 좋아
8. 화산은 너무 급해
9. 물 아저씨는 힘이 세
10. 농장은 시끌벅적해
11. 바람 타고 세계 여행
12. 불 아저씨는 늘 배고파
13. 폭풍은 이제 그만
14. 물 아저씨와 몸속 탐험
15. 옛날에 공룡이 살았어
16. 파도가 철썩 지구가 들썩
17. 바다 괴물의 비밀
18. 구름 아저씨의 정체
19. 물 아저씨와 위대한 항해
20. 초록을 깨우는 물 아저씨